Mi primer libro
Arte

Mick Manning · Brita Granström

EVEREST

Contenidos

Título Original: *Art School*
Traducción: María Luisa Rodríguez Pérez

Published by arrangement with Kingfisher Publications Plc.

Copyright © Nick Manning and Brita Granström 1996
© EDITORIAL EVEREST, S.A.
Carretera León-La Coruña, km 5 - LEÓN
ISBN-10: 84-241-1119-2
ISBN-13: 978-84-241-1119-9
Depósito Legal: LE. 1371-2006
Printed in Spain - Impreso en España

EDITORIAL EVERGRÁFICAS, S. L.
Carretera León-La Coruña, km 5
LEÓN (España)
www.everest.es

¿De qué va este libro?

¡Hola, soy Juan. ¡Bienvenido a Mi Primer Libro de Arte! Prepárate. Vamos a empezar…

Mi Primer Libro de Arte, no te enseñará tan sólo a dibujar y pintar, también te ayudará a ver las cosas de forma diferente. Pondrás en práctica todo tipo de proyectos, desde experimentar con el color hasta confeccionar máscaras y enviar correo artístico: igual que mis alumnos de verdad. Continúa practicando y poco a poco perfeccionarás diversas técnicas.

Te harán falta varias cosas para dibujar y pintar, pero no tienes que gastar mucho dinero. Abajo y en la página 7 encontrarás ideas útiles.

Sobre qué dibujar y pintar

Puedes comprar **papel** de dibujo económico en las papelerías. Pregunta por el papel **A2**. También puedes pintar periódicos o rollos viejos de papel pintado con pintura blanca.

Con qué dibujar y pintar

TRUCOS

Encontrarás trucos útiles en las tiras coloreadas de los laterales de la página.

En el glosario del final del libro aprenderás más sobre las palabras que aparecen en **negrita**.

Necesitarás:

- Pintura en tubo o pintura en polvo
- Acuarelas • Tintas
- Barras de cera y al óleo
- Recipientes de yogur vacíos
- Botellas de plástico para llenar de agua
- Lápices y pinceles
- Velas de cera • Celo
- Cola • Tijeras

5

Concéntrate siempre que hagas un dibujo. Mientras dibujas, tu cerebro "lee" un mensaje de tus ojos y lo envía a tu mano, diciéndola que se mueva. Recuerda que debes alternar la mirada entre el objeto y el dibujo.

¿Qué es eso del dibujo?

Empecemos por el principio: plantéate qué es eso que llamamos "dibujo". Yo describiría el dibujo como una serie de marcas deliberadas. Estas marcas describen cómo alguien ve las cosas o incluso lo que piensa sobre algo. Solemos pensar en el dibujo como en un cuadro, pero no siempre lo es. Una lista garabateada, un mapa en el reverso de un sobre o incluso tu escritura… pueden considerarse dibujos.

Sea lo que sea el dibujo, para dibujar realmente bien, es necesario relajarse.

PROYECTO

Practica estas diferentes formas de sujetar el **lápiz** o la **barra de cera**.
1. Agárralo con el pulgar y el índice, apoyando la muñeca sobre el papel.
2. Haz girar la muñeca.
3. Aprieta con fuerza el lápiz para trazar una línea gruesa.
4. Mueve todo el brazo, desde el hombro hasta los dedos.
5. Aprieta poco para una línea fina.

1.

3.

4.

5.

2.

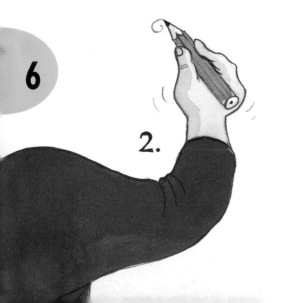

6

esponja atada a un palo

brocha de esponja

barra de cera

barra de pastel

Carboncillo

pluma

pincel plano

pincel redondo

lápiz

ramita o palito

plumín de acero

Vela de cera

con tinta o acuarela encima

untada de

cepillo de dientes viejo

Haz la prueba: Utiliza todas tus herramientas de dibujo y llena una hoja de papel grande con tantos trazos como puedas. ¡Escribe el nombre de cada herramienta junto a su trazo!

Trazos variados

PROYECTO

Recoge todo tipo de herramientas de dibujo, como brochas y pinturas, e intenta fabricar alguna.

brocha grande

Haz tu cuaderno de apuntes

PROYECTO

Necesitas:
- 5 pliegos grandes de papel (**A1** es un buen tamaño) ● Cinta de tela ● Cartón duro
- Aguja de zurcir
- **Cola**

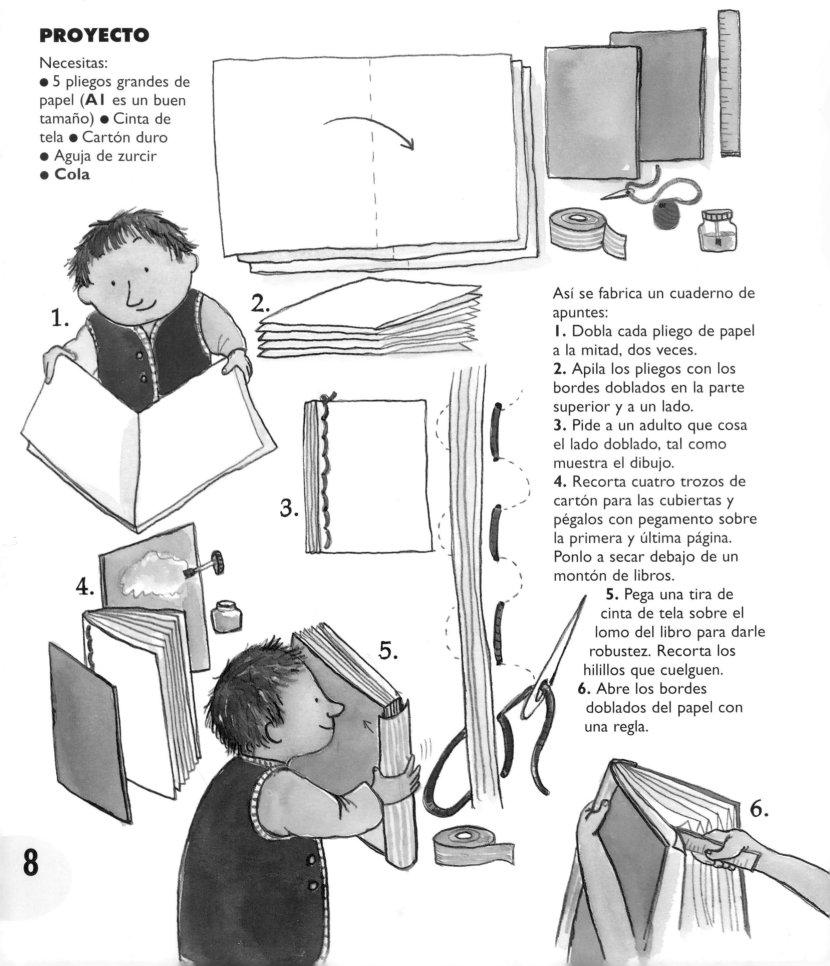

1.

2.

3.

4.

5.

6.

Así se fabrica un cuaderno de apuntes:

1. Dobla cada pliego de papel a la mitad, dos veces.

2. Apila los pliegos con los bordes doblados en la parte superior y a un lado.

3. Pide a un adulto que cosa el lado doblado, tal como muestra el dibujo.

4. Recorta cuatro trozos de cartón para las cubiertas y pégalos con pegamento sobre la primera y última página. Ponlo a secar debajo de un montón de libros.

5. Pega una tira de cinta de tela sobre el lomo del libro para darle robustez. Recorta los hilillos que cuelguen.

6. Abre los bordes doblados del papel con una regla.

8

Cuadernos de apuntes

Casi todos los artistas tienen un cuaderno de apuntes que llevan siempre consigo. Fabrica tu propio cuaderno siguiendo las instrucciones de la página anterior. Dibuja, escribe y pega cosas en sus páginas… cualquier cosa, desde billetes de autobús hasta envoltorios de caramelos. Tu cuaderno será el reflejo de lo que has visto y sentido, y de los lugares donde has estado.

TRUCOS

Una libreta de bolsillo también es útil.

Paisaje

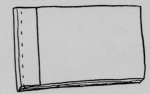

Retrato

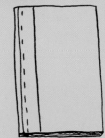

Puedes hacer cuadernos especiales para paisajes o retratos. Simplemente decide qué lado coser.

9

Haz un marco para un autorretrato pequeño. Utiliza una lámina de cartón grueso, para que se mantenga en pie.

Mientras trabajas, alterna la vista entre el dibujo y el espejo, comprobando lo que dibujas frente a tu reflejo.

10

Si borras mucho, nunca aprenderás a dibujar correctamente. Si no te gusta un trazo, prueba a dibujar sobre él, como en la ilustración inferior. Dibuja encima hasta que funcione.

Busca en la biblioteca los autorretratos de Rembrandt y Van Gogh. Observa lo diferentes que son.

Autorretrato

Un autor**retrato** es una representación de uno mismo. Quiero que practiques el dibujo de tu autorretrato en grande y en pequeño.

PROYECTO

Busca un rollo de papel pintado viejo o pinta hojas de periódico con pintura blanca y pégalas. Clava el papel en la pared junto a un espejo y dibújate a tamaño real. Ésta es una buena forma de practicar el autorretrato y de utilizar todo el brazo. Después, quiero que uses la imaginación. Prueba a dibujarte como un monstruo. ¡Exagera! ¡Utiliza pinturas de colores y hazte lo más terrorífico que puedas!

Gran y pequeña escala

Éste es otro proyecto que te ayudará a practicar las técnicas de dibujo y a conocer la **escala**. También aprenderás a dibujar cosas de formas y tamaños diferentes.

PROYECTO

Busca un objeto pequeño, como un juguetito o una joya. Estúdialo atentamente. Coge una lámina de papel A2 y una pintura negra o un lápiz blando y dibuja el objeto tan grande que llene toda la página. Trabaja con cuidado y da trazos seguros. Después elige un objeto grande. Ahora quiero que lo dibujes muy, muy pequeño. Al hacerlo, observa que sólo mueves los dedos y la muñeca.

¡Recuerda! Mira una y otra vez al objeto y a tu dibujo.

11

¡Usa todos los sentidos!

La mayoría de la gente tiene cinco sentidos: vista, oído, tacto, gusto y olfato… pero los artistas necesitan dos más: ¡imaginación y memoria! El artista debe utilizar todos estos sentidos, ya que el aspecto de las cosas es lo fundamental. También es importante cómo huelen, suenan o incluso cómo saben. Estos proyectos te ayudarán a "ver" cosas con la nariz, los dedos, la lengua y las orejas, y no sólo con los ojos.

PROYECTO

Espera hasta que oscurezca y siéntate en tu dormitorio con papel y pinturas. Apaga la luz, permanece en silencio y escucha. ¿Qué oyes? ¿La televisión de al lado? ¿Un coche fuera? ¿Extraños crujidos y gemidos? Ahora coge las pinturas (es divertido porque no sabrás de qué color son) e intenta dibujar los sonidos que oyes. ¡Da la luz y comprueba lo que has hecho!

Dibuja en la oscuridad

12

Dibuja sabores

PROYECTO

Coloca en un plato alimentos diferentes, como un trozo de manzana, una raja de limón o una galleta. Prepara el papel y las pinturas, y tápate los ojos con un pañuelo, para que no puedas ver. Ahora prueba algo del plato. ¿Es ácido o dulce, amargo o crujiente? Intenta dibujar lo que saboreas.

Dibuja olores

PROYECTO

Visita distintos lugares, como la cocina o el cuarto de baño de casa, un parque cercano o un centro comercial. Abre bien la nariz, olisquea el aire y dibuja lo que huelas. Los desagües, las flores, la comida… cada olor tiene su propia forma y color.

Dibuja texturas

El tacto de las cosas es importante a la hora de dibujar. Los trazos para un dibujo de una pluma suave son diferentes de los que harías para una madera áspera o un jabón resbaloso. La muestra de texturas hace que los dibujos sean más interesantes.

PROYECTO

Recoge varios objetos de textura diferente, por ejemplo un trozo de madera con vetas, un poco de papel de aluminio, una naranja, un cepillo, una pastilla de jabón y una pluma. Trata de dibujar el tacto de cada uno mientras lo exploras con los dedos. Puede ser áspero o suave, resbaloso o pegajoso. Recuerda: no estás dibujando su aspecto, sino su tacto.

14

Dibuja de memoria

Cuando recordamos algo, como un día en la playa o una visita al dentista, recordamos los momentos más importantes del suceso como una serie de imágenes memorizadas. En otras palabras, la memoria también puede dibujar.

1.

2.

PROYECTO

Piensa en algo, por ejemplo, en tu animal favorito. Dibújalo en tu cabeza y después intenta dibujarlo de memoria.
Y ahora, una prueba de memoria:
1. Busca tres o cuatro objetos pequeños y estúdialos a fondo.
2. Tápalos con un trapo y después dibújalos de memoria. ¿Qué tal?

15

Dibuja un sueño

PROYECTO

Quiero que recuerdes un sueño estupendo que hayas tenido o una película que hayas visto últimamente. Recuerda todo lo que puedas y después dibújalo paso a paso en el dorso de un trozo de papel pintado o en una lámina A2, utilizando lápices, barras de cera y pinturas. No escribas nada. Deja que tus dibujos narren la historia.

TRUCOS

Estos trucos te ayudarán a mejorar tu dibujo de naturalezas vivas.

1. Comienza fijándote en la forma del esqueleto que hay bajo la piel.

2. Traza una figura esquemática indicando la cabeza y el cuerpo, y señalando los hombros, los codos, las caderas, las rodillas y los tobillos.

3. Empieza a formar el cuerpo. Intenta hacer todo el dibujo de una vez, en lugar de centrarte en una sola parte.

4. Atiende también a los espacios del exterior e interior del cuerpo.

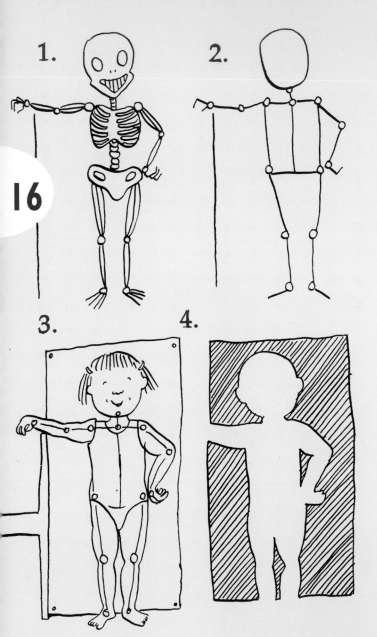

Antes de empezar, asegúrate de que tu modelo esté cómodo y no tenga frío. ¡Sería terrible sumergirte en el dibujo y descubrir que el modelo quiere marcharse!

No te deprimas por los resultados de los primeros dibujos que hagas. ¡Hacen falta años y años de práctica para llegar a ser un buen artista!

Naturaleza viva

Ya has intentado dibujarte. Ahora quiero que pruebes a dibujar formas vivas: ¡que dibujes a alguien más! El dibujo de naturalezas vivas es importante porque ayuda a aprender la **proporción** del cuerpo humano. Pide a un adulto o a un amigo que posen para ti con un bañador o una malla. Así podrás ver mejor la forma del cuerpo.

Cuando dibujamos una naturaleza viva, a veces resulta útil usar el lápiz como regla. Mantén el lápiz a la altura de los brazos y míralo guiñando un ojo. Por ejemplo, puede haber medio lápiz desde el codo hasta la pierna del modelo, y la misma distancia desde el cuello hasta el ombligo. Trata de mantener las mismas proporciones.

¡Usa la imaginación para crear escenas divertidas!

Puesta en escena

PROYECTO

Organiza una clase de dibujo de naturaleza viva con algunos amigos y haced turnos para posar. Buscad un vestuario variado y usad sillas y cojines para las poses. Después, podéis añadir un escenario imaginario al dibujo.

TRUCOS

Cuando uses el lápiz para medir la escala, recuerda que siempre debes mantener el lápiz a la misma distancia de tu ojo.

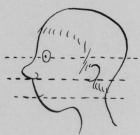

Las caras pueden tener formas y tamaños distintos, pero suele haber una distancia igual entre los ojos y la nariz, y la nariz y la boca.

18

Piensa en formas de nariz, ojos, orejas y boca. Te sorprenderá lo diferentes que pueden ser.

Retrato...

El retrato es el arte de captar el aspecto de alguien: pintar su imagen tan bien, que el espectador sabe quién es el objeto de la pintura.

Los retratos pueden ser tan detallados y tan realistas como una fotografía o pueden exagerar los rasgos de la persona hasta convertirse en caricaturas.

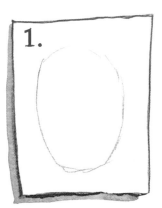

PROYECTO

Pide a alguien que pose para ti, para que puedas hacer su retrato. Enciende una luz a un lado de su cara para acentuar las sombras. Esto te ayudará a ver con claridad los rasgos principales de tu modelo. Después, utilizando un lápiz blando:

1. Traza la forma de la cara.
2. Traza ligeramente los rasgos.
3. Desarrolla poco a poco la cara, añadiendo sombras. No borres las líneas que no te gusten. En su lugar, trabaja sobre ellas hasta que estés satisfecho.

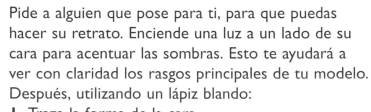

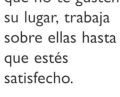

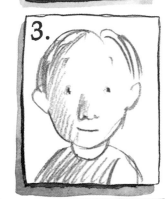

. . .y caricatura

PROYECTO

Ahora quiero que intentes dibujar una caricatura. Piensa en alguien que conoces y descubre sus rasgos principales. Tal vez tenga ojos grandes y nariz pequeña. ¡Exagéralo! Dibújale la nariz aún más pequeña y los ojos mucho más grandes. Una caricatura debe ser un retrato tan distorsionado o exagerado que resulte cómico.

TRUCOS

¡Hay muchísimos peinados y cabezas diferentes! Crea un cuaderno de caricaturas para recordarlos.

Luces y sombras

Las luces y las sombras dan forma a los dibujos y pinturas. Ya has visto cómo funcionan en el proyecto del retrato. La sombra puede hacer que las cosas parezcan muy pesadas o puede hacerlas flotar en el aire.

Habrás notado que los lápices blandos, las barras de pastel y el carboncillo se emborronan. Para evitarlo, rocía los dibujos acabados con un spray **fijador**.

PROYECTO

Dobla una hoja de cartón blanco en ángulo recto y coloca un juguetito sobre ella. Consigue una lámpara o una linterna y dibuja el juguete y su sombra al iluminarlo:
1. De frente y a corta distancia.
2. Desde arriba.
3. Desde dos puntos distintos.

Ahora prueba a pintar el juguete de un color cálido, como el naranja, y la sombra de un color frío, como el azul. Después, usa un color frío para el juguete y uno cálido para la sombra. ¿Cuál te gusta más?

Al dibujar sombras, recuerda que van siempre unidas a sus dueños. De no ser así, el objeto que dibujas parecerá volar en el aire (ver ilustración derecha).

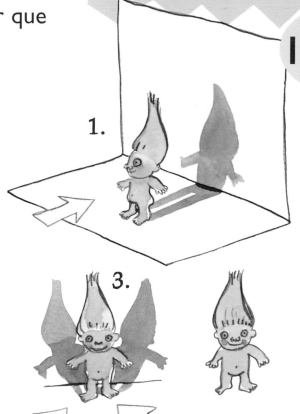

19

¡Inspírate en los colores de la naturaleza! Recoge hojas y observa cuántos marrones, rojos, amarillos y verdes diferentes puedes encontrar.

Utiliza el proyecto de la vidriera para experimentar más con los colores. Cubre la ventana con papelillos en tonos de azul y verde. A continuación, cúbrela de rojos y naranjas.

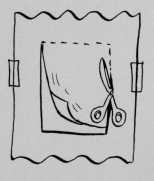

Haz marcos de papel, como el de la ilustración superior, para conservar tus vidrieras.

Taller de color

Todos los artistas deben comprender el color. El color puede ser tranquilo o animoso, vivo o apagado. Puede incluso describir estados de ánimo: cuando todo va bien vemos las cosas de "color de rosa" y cuando criticamos a alguien le "ponemos verde". Aquí tienes cuatro proyectos para iniciarte.

Caleidoscopio

PROYECTO

Guarda algunos envoltorios de caramelos de papel transparente de colores y busca un tubo de cartón vacío (el rollo de cartón del papel higiénico es ideal). Aplasta los papeles contra un extremo del tubo y elévalo hacia la luz. Mueve los papelitos y observa cómo cambian los colores.

Vidriera

PROYECTO

Pega con celo transparente los envoltorios de caramelos a una ventana. Dobla algunos a la mitad para que su color se haga más fuerte, después superpón diferentes colores y comprueba cuántos colores nuevos puedes lograr. Intenta mezclar con pintura los colores que ves.

De claro a oscuro

PROYECTO

Pega una cinta adhesiva de doble cara de 20 cm sobre una hoja de papel blanco y limpio. Elige un color que te guste de tu colección de papelitos, rasga un trocito del tamaño de la uña del pulgar y pégalo en el centro de la cinta. Trabaja a ambos lados de la muestra: busca tonos del mismo color que varíen de claro, en un extremo, a oscuro, en el otro. Haz lo mismo con otros colores.

TRUCOS

Guarda revistas, envoltorios de caramelos y hojas de papel de colores para tus proyectos. También te serán muy útiles a la hora de hacer collages.

Así es cómo se mezclan los colores básicos:
Verde -- azul y amarillo
Morado -- azul y rojo
Rosa -- rojo y blanco
Naranja -- rojo y amarillo
Marrón -- rojo, azul y amarillo

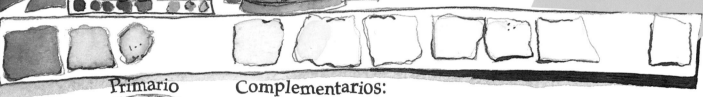

21

Rueda Cromática

PROYECTO

Esta rueda cromática muestra los tres colores primarios: rojo, amarillo y azul. A partir de ellos, podemos mezclar el resto de los colores. Fabrica tu propia rueda para aprender a mezclar colores. Las manchas de color de la izquierda son los opuestos de la rueda. ¡Por eso se te va la vista al mirarlos!

Blanco y negro

PROYECTO

Busca distintas muestras de blanco en tu colección de papeles. Recoge también muestras de papel blanco de dibujo, de periódico y de empapelar. Pega tus muestras de "blanco" en una lámina y observa cuántos tonos diferentes hay. Esto se debe a que muchos "blancos" llevan mezcladas cantidades diminutas de otros colores. Ahora haz el mismo proyecto con negro.

Haz la prueba: Mezcla colores diferentes a partir de los tres colores primarios ¿Qué ocurre si añades blanco y negro?

Naturaleza muerta y Composición

La naturaleza muerta es un buen modo de practicar lo que hemos visto sobre el color y de aprender sobre la forma y la **composición**. Una naturaleza muerta no es más que un dibujo cuyo tema es inmóvil y está fuera de su entorno natural.

PROYECTO

Recoge objetos con formas, colores y texturas diferentes y colócalos sobre una mesa. Ilumínalos desde un lado con una lámpara para crear sombras interesantes. Mueve los objetos hasta encontrar la mejor composición y estúdiala antes de comenzar.

Para la naturaleza muerta y otros proyectos necesitarás una superficie de dibujo sobre la que apoyar el papel. No hace falta que compres un tablero. ¡Prueba a utilizar un trozo de aglomerado, un cartón o una bandeja de aluminio!

PROYECTO

Corta a la mitad una fruta o verdura y dibújala. Intenta pintar su color lo más parecido posible. Después pinta otra vez el objeto utilizando sólo tonos de azul. Emplea los materiales que tengas, como pinturas, ceras o lápices, mezclándolos con blanco y negro para aclararlos u oscurecerlos. Pinta la fruta de amarillo o verde.

Haz una investigación sobre la naturaleza muerta.

Busca en la sección de Historia del Arte de la biblioteca local y localiza el mayor número posible de naturalezas muertas. Comienza investigando artistas como Vermeer, Picasso y Cézanne; después encuentra tú mismo algunos ejemplos.

23

Haz la prueba: ¡Usa tu visor para localizar composiciones insólitas!

*Prueba a utilizar **acuarelas** para añadir manchas de color sobre los trazos de pinturas en cera y lapicero.*

Reportaje

Reportaje es el nombre que recibe el arte de dibujar o fotografiar un acontecimiento en lugar de escribir sobre ello.

Fuera de la ventana

PROYECTO

Coge una lámina de papel grande y algunas ceras, acuarelas y lápices. Siéntate frente a una ventana, anota la hora y la fecha en la parte superior de la página y llena la hoja de dibujos. Por último, escribe abajo la hora a la que acabaste. Has hecho un informe de todas las cosas ocurridas fuera de la ventana entre esas horas. ¡Un reportaje de verdad!

Dibujos televisivos

PROYECTO

Dibujar delante de la televisión es una buena práctica para el reportaje, ya que tienes que dibujar muy rápido para captar todo. No pierdas tiempo borrando los trazos si un dibujo no te gusta: empieza otro. Puede que los dibujos no parezcan gran cosa, pero son ejercicios importantes para dibujar mejor: ¡como las escalas que toca un pianista!

24

Acostúmbrate a dibujar lo que ocurre fuera de tu ventana al menos una vez a la semana. Observa los cambios: ¡no sólo de lo que ves, sino también de tus habilidades artísticas!

25

El artista: un explorador

Hace siglos, antes de la invención de las cámaras, los exploradores llevaban con ellos a artistas en los largos viajes para dibujar las cosas emocionantes que descubrían. No hace falta viajar al otro lado del mundo para ser un artista explorador. Una visita a algún lugar cercano puede ser igual de emocionante, siempre que tengas bastante imaginación.

PROYECTO

Explora algún lugar. Podría ser un parque, un patio o incluso tu jardín. ¡También puede ser divertido explorar un sótano o un desván! Imagina que el lugar que visitas es una isla llena de plantas y animales extraños. Imagina también que hay un volcán a punto de entrar en erupción y que la isla mágica va a hundirse en el océano para siempre. Tus dibujos serán el único testimonio superviviente de este lugar maravilloso…

¡Haz notas sobre los dibujos para recordar las imágenes!

26

TRUCOS

Lleva un reloj en tus viajes imaginarios. Así sabrás cuándo se acaba el tiempo.

Es divertido explorar con alguien más y comparar vuestro trabajo al final.

PROYECTO

Visita un parque, un jardín botánico o busca una planta doméstica. Elige la planta que te guste y dibújala:

1. En blanco y negro, con **tinta** o barras de cera, y concentrándote en la forma y la textura.

2. En colores.

3. En colores opuestos, con las hojas verdes en rojo y las flores rojas en verde.

4. ¡Como una planta alienígena gigantesca!

TRUCOS

Dedica tiempo a estudiar con detalle el tema. Así sabrás lo que quieres lograr antes de comenzar.

Escribe notas en los dibujos sobre los colores y texturas, sonidos y olores. Anota también el nombre de los animales y plantas que has dibujado, si es que lo conoces.

PROYECTO

Visita un zoo y haz un estudio de los animales que lo habitan; también puedes estudiar una mascota. Haz muchos dibujos del animal, no sólo uno o dos detallados. Observa los colores y la textura del pelaje. También son importantes los bocetos que captan el movimiento, el carácter o los hábitos del animal.

27

Prepara todo el equipo de dibujo antes de salir. Acuérdate de llevar una botella de agua de plástico para mezclar pinturas y ¡no te olvides la merienda!

Recuerda que si llevas pintura roja, amarillo, azul, negra y blanca, puedes lograr casi cualquier color que necesites.

Un día de campo

Vamos a pasar un día de campo. En este viaje campestre aprenderás sobre los dibujos de exterior. Tal vez puedas hacer este proyecto cuando vayas de vacaciones o en una excursión con tu familia o amigos: ¡nunca vayas solo!

¡Pinta con energía! ¡Deberías sentirte agotado al terminar!

PROYECTO

Busca un lugar con una vista que te gustaría pintar. Desenrolla el papel con cuidado (A2 es un buen tamaño), extiéndelo sobre el terreno y coloca unas piedrecitas en las esquinas para evitar que se vuele. Estudia la vista y después comienza a dibujar. Trabaja deprisa, moviendo todo el brazo al dibujar y apretando las barras de cera o pastel para obtener trazos vivos.

A no ser que llueva, deja los dibujos al aire todo el tiempo que puedas para que se sequen. Después, enróllalos sin apretar y transpórtalos en una bolsa de vuelta a casa. Si están muy húmedos, enróllalos entre hojas de papel.

TRUCOS

*La **perspectiva** es un modo de dibujar distancias. Un ejemplo de perspectiva es que las vacas distantes deberían ser más pequeñas que las más cercanas.*

No tienes que usar la perspectiva para hacer un buen dibujo. Puedes crear tus propias reglas. Por ejemplo, podrías:
1. Exagerar algún objeto.
2. Hacer de mayor tamaño las partes del dibujo que consideres más importantes.

¡Ten cuidado! No te acerques a acantilados o aguas profundas, y no laves los pinceles sucios en lagos y arroyos, ya que incluso un poquito de pintura podría ser contaminante.

Lleva un trozo de plástico de burbujas para sentarte, por si llueve o hace frío.

Mapas

mapa sobre una piedra

Los mapas son otra forma de arte. Informan sobre lugares mediante dibujos. Pueden estar impresos, como los de carreteras, o manuscritos, como un mapa del tesoro.

Mapa del tesoro

PROYECTO

Haz un mapa del tesoro. Esconde una moneda o algún otro "tesoro" y dibuja un mapa que muestre cómo encontrarlo. No hagas el mapa demasiado fácil. Da pistas interesantes y usa los cinco sentidos. Podrías hacer un mapa sonoro, que recoja una tabla chirriante, o incluso un mapa oloroso del armario de la cocina.

SALIDA
mi habitación
Abre la puerta
tres pasos a la derecha
sigue el sonido de la música
olor a bacon
un salto a la izquierda
al tablón chirriante
el tesoro está debajo de un tiesto

Un mapa en miniatura

PROYECTO

Éstas son las instrucciones para hacer un mapa en miniatura que quepa en una caja de cerillas.

1. Corta una tira de papel del ancho justo para que quepa en una caja de cerillas y de un largo unas seis veces superior. Después divide el papel en partes iguales. Cada sección debería ser un poquito más corta que el largo de la caja, para que encaje una vez doblado.

2. Usando las rayitas como guía, dobla la tira como un acordeón. Haz un dibujo y escribe algunas instrucciones en cada sección. Por último, pega el mapa al interior de la caja.

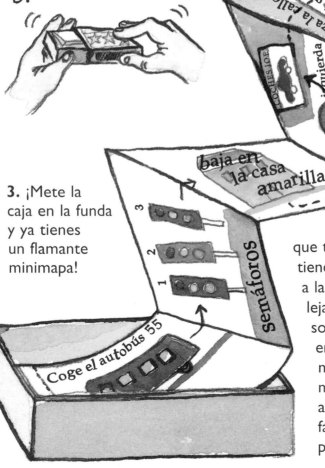

1.

2.

3.

3. ¡Mete la caja en la funda y ya tienes un flamante minimapa!

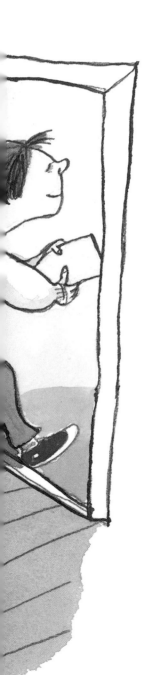

TRUCOS

Es divertido pensar en las formas en que el lector del mapa reconocerá su destino. ¿Qué tal el olor de pizza o la música de una tienda de discos?

Cuando hagas el mapa, piensa en la posibilidad de elegir un punto de vista diferente, como el de un pájaro o el de una rana.

PROYECTO

Haz un mapa de bolsillo para un amigo, mostrando el mejor modo de llegar a una tienda que te guste desde tu casa o colegio. La tienda puede estar a cualquier distancia: a la vuelta de la esquina o en una ciudad lejana. Comienza dando instrucciones sobre cómo llegar a pie, en bici o tal vez en avión. Asegúrate de que las cosas más importantes de tu mapa sean las más grandes y coloridas. Plantéate si tu amigo podrá interpretar el mapa fácilmente. Si lo deseas, puedes escribir palabras y nombres de lugares.

Correo artístico

El correo artístico consiste en enviar sobres y postales decorados, de forma que los sellos de correos pasen a formar parte de la obra de arte. Es muy divertido y además resulta emocionante pensar en los kilómetros que tus cartas recorrerán en el correo.

PROYECTO

Busca cuatro o cinco sobres de tamaño diferente. No tienen que ser nuevos. El correo artístico a veces resulta mejor usando sobres viejos con sellos usados (aunque también tendrás que pegar sellos nuevos). Haz un dibujo en cada sobre. Puedes dibujar de todo: una vista desde tu ventana (sobre todo si estás de vacaciones), un coche o un dibujo animado. También podrías hacer una composición dibujando en dos o tres sobres distintos, de forma que tengan que unirlos al llegar a su destino.

Prueba a dibujar todo el sobre para que tengan que abrirlo y extenderlo para ver el dibujo completo. ¡No olvides escribir el nombre y la dirección o tu correo artístico nunca llegará!

Ésta es la vista desde mi ventana

¡Hola!

32

TRUCOS

Haz tu correo artístico aún más interesante decorándolo con montones de pegatinas de "correo aéreo" o "frágil", o usando sellos conmemorativos.

¿Por qué no te envías correo artístico a ti mismo?

Máscaras

Las máscaras se han usado en ceremonias mágicas, en bailes y en representaciones de todo el mundo durante miles de años. Fabrica tus propias máscaras y divierte a tus amigos.

PROYECTO

Diseña tres máscaras que muestren estos estados de ánimo: tristeza, alegría y enfado. Usa cartones de huevos y trozos de cartón, y decóralos con lana, plumas y recortes de revistas.

TRUCOS

Pega la máscara a un palo o ata un trozo de goma elástica.

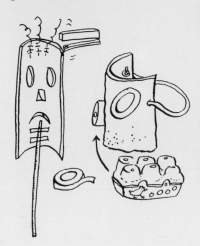

Es recomendable pintar el cartón de pintura blanca antes de añadir otros colores.

Si la representación tiene lugar en el interior, cuelga una sábana e ilumínala con un foco para crear sombras dramáticas.

Echa un vistazo en la biblioteca a las máscaras africanas y chinas, y a las estupendas máscaras que realizó Picasso.

TRUCOS

Si quieres hacer tu busto, usa los dibujos de tu autorretrato como guía. También es buena idea tener un espejo a mano.

Escultura

La escultura es el arte de dar forma a los materiales, como madera, metal, piedra, plástico y alambre. A diferencia de la pintura, puede moverse, crear sombras e incluso tocarse.

Busto

1.

2.

3.

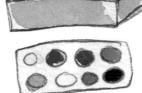

Necesitarás:
Periódico ● Caja de pañuelos de papel ● Cola ● Pinturas ● Globo

4.

5.

PROYECTO

Éstas son las instrucciones para hacer un busto —una escultura de la cabeza y los hombros— de papel maché.

1. Haz tiras de papel de periódico y empápalas en la cola.

2. Infla un globo y busca una caja vacía de pañuelos de papel.

3. Cubre la base del globo con tiras de periódico mojadas. Después une el globo a la caja de pañuelos para hacer los hombros.

4. Emplea trozos arrugados de periódico húmedo para crear las formas de los ojos, orejas y nariz, y para redondear los hombros.

5. Continúa añadiendo capas de periódico hasta cubrir el globo. Déjalo secar por completo. Después, explota el globo atravesando el papel con un alfiler. Por último, píntalo con pinturas normales o acrílicas.

Escultura con alambre

El alambre o el hilo metálico son buenos para hacer esculturas porque pueden doblarse y moldearse con gran facilidad.

Cabezas de alambre

PROYECTO

Intenta hacer un perfil (una vista lateral) de alguien doblando un trozo de alambre. Haz el pelo con lana o esparto. Dibuja un ojo sobre cartón o recorta uno de una revista, y cuélgalo de un hilo.

Pez de alambre

PROYECTO

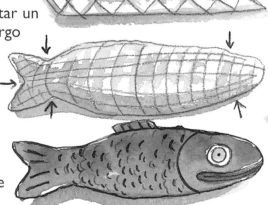

Pide a un adulto que te ayude a cortar un rectángulo de red metálica del largo que desees. Enróllalo con cuidado, como en la ilustración, y dóblalo hasta lograr una buena forma de pez. Si quieres, puedes añadirle piel de papel maché. Píntalo de pintura blanca y déjalo secar antes de añadir otros colores.

Móvil de alambre

PROYECTO

Fabrica un móvil. Inspírate en un sueño que hayas tenido o en uno de estos temas: la Noche, la Carretera o la Granja. Usa cartón duro para las figuras y átalas con hilo a una percha metálica. Cuelga el móvil del techo, donde se moverá con la corriente.

TRUCOS

Ponte guantes cuando trabajes con alambre y pide siempre a un adulto que te ayude a cortarlo con alicates o una herramienta especial.

Pide a alguien que pose para ti. Intenta doblar el alambre del natural. O ilumina la cabeza de tu modelo para que describa una sombra. Dibuja la silueta de la sombra y utiliza ese dibujo para modelar el alambre.

Busca en una biblioteca los dibujos de móviles realizados por Alexander Calder. Él fue el primero que los diseñó.

Pide permiso antes de tomar muestras en las iglesias o en edificios antiguos, y no aprietes demasiado para no causar ningún daño.

Frottage

Puedes lograr resultados fantásticos al dibujar trazos sobre piedra o madera. Esto se llama *frottage*, una palabra francesa que significa frotar.

PROYECTO

1. Busca algo con letras o dibujos abultados, tal vez la tapa de una cloaca o una lápida. Coloca una lámina de papel grueso encima y frota una barra de cera sobre la superficie.

2. Coge un trozo de papel pintado con relieve, coloca una hoja de papel encima y dibuja una serpiente grande y colorida. Observa cómo la textura del papel inferior cambia los trazos de tu dibujo.

¡Recuerda! El frottage aporta personalidad a los dibujos, así que experimenta con diferentes texturas.

1.

2.

Collage

El collage consiste en utilizar cosas como papel, macarrones, tela, lana u hojas para crear una imagen. ¡Cuanto más raros sean los materiales, mejor! La palabra collage procede del término francés *coller*, que significa pegar.

PROYECTO

Busca en tu colección de revistas y recorta colores y partes de fotografías que te gusten. Pégalas sobre una hoja de papel para crear un animal o una nave espacial. Planea la imagen antes de comenzar, esbozando con un lápiz la silueta y los rasgos principales. Si te apetece, prueba a añadir pintura sobre el collage.

PROYECTO

Recorta letras de distintos tamaños y colores de revistas y periódicos. Usa las letras para escribir tu nombre y pégalas sobre un cartón grueso. Decora el cartón con pintura y trozos de revista. Haz dos agujeros en la parte superior, pasa por ellos una cuerdecita y cuélgalo en la pared o en la puerta de tu habitación.

TRUCOS

Haz tus collages aún más divertidos utilizando envoltorios brillantes, papel de aluminio o frotaciones.

Rasga el papel en lugar de cortarlo y observa la diferencia que puede marcar un detalle tan simple.

Arte natural

El arte natural es cuando los artistas trabajan con la naturaleza para crear una imagen o escultura. Todos sabemos hacer un muñeco de nieve, un collar de margaritas o un castillo de arena: ¡eso es arte natural! Lo hermoso del este arte es que no daña la naturaleza.

Emplea diferentes instrumentos para hacer un dibujo en el barro o la arena. Podrías utilizar un palo grande, las ruedas de la bici o un monopatín.

¡Piensa en todos los dibujos que podrías hacer en el barro, la nieve o la arena! Podrías hacer collages al aire libre con piñas, hojas y ramas, o hacer un puente de margaritas para las hormigas.

1.

Arena

PROYECTO

Aquí tienes dos proyectos para realizar si vives cerca de la playa o cuando estés de vacaciones:

1. Utiliza las ruedas de la bici, tus huellas o un palo para hacer un dibujo gigante en la arena. ¡Hazlo enorme para que lo puedan ver desde el espacio!

2. Ve de expedición en busca de extrañas criaturas marinas como algas, arena, conchas, guijarros y maderas.

2.

Nieve

PROYECTO

Si vives en un lugar donde nieva, prueba estas ideas.

1. Haz una escultura de nieve de ti mismo a tamaño real. Usa guijarros u otros materiales naturales para los ojos, la nariz y la boca.

2. Haz una escultura con una forma interesante. Podría ser redonda y suave con un gran agujero, un cubo gigante o una pirámide.

Experimenta y averigua lo que ocurre si derramas un cubo de agua tibia sobre una superficie nevada. Intenta lo mismo con una taza de sal y una pala de arena.

TRUCOS

Resulta útil utilizar un cubo de agua caliente y un trapo para ablandar las esculturas de hielo.

¡Un artista llamado Andy Goldsworthy fue a la Antártida a esculpir bloques de hielo! Consulta su obra en la sección de arte de la biblioteca.

Pide a alguien que filme en vídeo tus hazañas naturales para poder verlas más tarde. También podrías incluirlo en una exposición (página 46).

Recuerda: Respeta la naturaleza. Asegúrate de no causar daño a ningún árbol o planta.

Escena natural

PROYECTO

La próxima vez que salgas al campo, haz una puesta en escena de arte natural con tus amigos que dure un minuto. Podríais soltar una cadena de margaritas en un arroyo o tirar piedrecitas a un estanque para crear ondas en el agua. También podríais tirar semillas al aire o dejarlas que se las lleve el viento mientras bailáis en círculo.

Depende de vosotros, pero hagáis lo que hagáis, debería ser sencillo, natural y hermoso.

TRUCOS

Si no quieres comprar el marco con rejilla, puedes intentar fabricarte uno. Busca dos marcos de cuadros viejos (sin cristal). Deberían ser del mismo tamaño y además encajar en la cubeta. Estira un trozo de malla de plástico sobre los marcos y asegúrala con chinchetas, como muestran las ilustraciones inferiores.

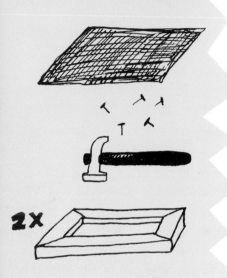

Evita utilizar páginas con demasiadas impresiones en blanco y negro ya que teñirán tu papel de un color gris sucio.

40

¡Fabricar papel es divertido, pero también muy sucio! Protege el suelo con periódicos.

F abricar papel es divertido porque nunca sale exactamente como esperabas.

PROYECTO

Para fabricar tu propio papel necesitarás:
Un montón de papel usado ● Dos cubos ● Una cubeta rectangular grande ● Un marco con rejilla (puedes comprarlo en una tienda de manualidades) ● Una manta vieja que puedas cortar en cuadros un poco mayores que la rejilla ● Dos tablas del mismo tamaño de la cubeta ● Una licuadora ● Trapos (pueden ser trapos de cocina)

1. Rasga el papel en trocitos y ponlos en un cubo lleno de agua (lo suficiente para cubrirlos). Déjalos empaparse durante horas, revolviendo de vez en cuando.

2. Cuando el papel esté blando y pastoso, pon un poco en una licuadora y pide a un adulto que lo mezcle. También puedes hacerlo con una cuchara de madera. Almacena la pulpa en un cubo limpio.

3. Vierte la pulpa en una cubeta de agua limpia.

4. Sumerge la rejilla y el molde en la cubeta. Con la práctica, aprenderás a dejar una capa igualada de pulpa.

5. Levanta el marco con cuidado, dejando escurrir el agua. Después retira la rejilla.

6. Coloca la rejilla con la pulpa hacia abajo sobre un trapo. Balancea la lámina de pulpa sobre el trapo. Si la pulpa se raja o se rompe, humedécela en la cubeta y comienza de nuevo.

41

TRUCOS

Fabrica algunas cuartillas de papel, pero en el último momento, antes de sacarlas de la cubeta, añade:

● lana de colores
● hierbas, plumas y pétalos de flores
● semillas y hojas
● gotas de pinturas o tintas de colores vivos.

También puedes teñir el papel añadiendo pintura a la pulpa antes de pasarla por la licuadora.

Sustituye los trapos por cuadros cortados de una manta vieja para dar a tu papel una textura diferente.

7.

8.

8. Separa de uno en uno los trapos y los papeles. Deja secar el papel en un lugar cálido.

7. Cúbrelo con otro trapo y haz otra lámina de pulpa. Cuando tengas un montón de papeles y trapos, coloca una tabla y algunos libros pesados encima para escurrir el agua. Si quieres, puedes subirte encima, ¡pero ten cuidado! Debes hacer esto en el exterior de la casa o tener muchos trapos viejos para limpiar toda el agua derramada.

florecillas
semillas
color
bayas
semillas y hojas
grumo de pulpa coloreada
papelitos de colores
cuerda
papel recortado
plumas
lana

Tu primer libro

Si pudieras escribir e ilustrar tu propio libro, ¿sobre qué sería? Escribe unas frases para un librito de 16 páginas. Después, piensa en los dibujos que podrían acompañar al texto en cada página.

1.

2.

3.

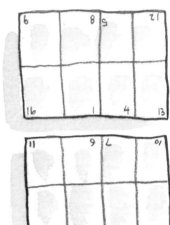

Fabricar tu primer libro impreso, puede resultar complicado al principio, ¡Pero pronto serás un experto!

PROYECTO

Para hacer tu librito necesitarás:
Papel ● Una grapadora ● Tijeras ● Pinturas y lápices ● ¡Usar una fotocopiadora!

1. Dobla un pliego de papel a la mitad tres veces seguidas.

2. Sujétalo como si fuera un libro y numera las páginas. (Tendrás que abrir algunas de las páginas para poder escribir los números.)

3. Extiende el papel y verás que los números de las páginas están desordenados. Éste es tu plan maestro: una especie de mapa de cómo ha de colocarse el libro.

4. Haz los dibujos y escribe el texto en las secciones correspondientes. No olvides escribir y dibujar en ambas caras del papel.

5. Fotocopia un lado del libro extendido y después introduce la copia de nuevo para fotocopiar la otra cara. Así tendrás una copia a doble cara.

4.

5.

6.

6. Dobla la copia como hiciste con el plan maestro. Grapa el lomo (el lateral del libro) y corta los bordes doblados con una tijera.

¡Ya tienes tu librito! Haz todas las copias que quieras y regálalas a tus amigos y familiares.

TRUCOS

Firma y numera la última página de cada libro. El número del libro de abajo significa que es la tercera copia de un total de veinte.

Personaliza tus libros estampando motivos con un sello de patata o una esponja empapados en pintura.

43

Historia del arte

E l arte comenzó como un hechizo que los hombres prehistóricos usaban para cazar. Desde entonces, su historia ha sido apasionante. Hojea los libros de arte de la biblioteca y descúbrelo tú mismo.

El arte tiene una historia apasionante llena de personajes interesantes... Éstos son mis favoritos.

Artista egipcio

Artistas prehistóricos

Jan VanEyck

Giotto di Bondone

Rembrandt

Leonardo da Vinci

Sir Alfred Hitchcock

Niki de Saint Phalle

Jackson Pollock

TRUCOS

Haz marcos de cartón para las pinturas grandes (ver página 10) y pega cuerda o sedal en las esquinas para colgarlos.

Si decides vender tus obras, coloca en una esquina una pegatina con el precio. No seas carero. Es mejor vender más cuadros a precios bajos que no vender nada. Si vendes uno, pon una pegatina roja para indicar que está vendido. Si hay algo que no quieras vender, coloca un cartel de "No está en venta".

46

¿Te ha gustado el libro? Tal vez te hayas planteado tu carrera como artista. Hay varios trabajos a los que te podrías dedicar: ilustrar libros, diseñar escenarios para el teatro, hacer esculturas o dibujos animados, diseñar coches, edificios, revistas o ropa... y muchas cosas más.

Exposición

Todos los talleres de arte celebran una exposición al final del año para que la gente pueda ver las mejores obras realizadas por los estudiantes. Nuestro taller ha tocado a su fin, ¿por qué no organizas tu propia exposición?

PROYECTO

Celebra tu exposición en tu dormitorio o en el garaje. Elige un día y una hora y envía tarjetas de invitación. Tal vez quieras preparar algunos aperitivos y bebidas, y poner una música suave. Si has hecho proyectos con los amigos, invítales a exponer sus obras junto a las tuyas. No te pongas nervioso y... ¡buena suerte!

Glosario

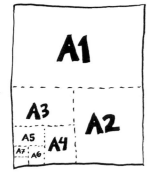

A1, A2, A3
Parte de una serie de tamaños de papel que varían del A0 al A10. El A1 mide 840 x 592 mm. El A2 es la mitad del A1, el A3 la mitad del A2, y así hasta A10.

Acuarela
Pintura que se mezcla con agua para lograr capas transparentes de color. Por ejemplo, para hacer un naranja no tienes que mezclar rojo y amarillo. Puedes poner una capa de amarillo sobre una de rojo. Además, con las acuarelas no necesitas usar blanco, ya que el blanco del papel se deja ver. Las acuarelas vienen en pequeñas pastillas coloreadas que se guardan en una caja o lata especial.

Barra de cera
Una barra de color utilizada para dibujar, normalmente hecha de cera.

Carboncillo
Barras de madera quemada que pueden ser duras o blandas y de diferente grosor. Son buenas para dibujar.

Cola
Hay muchos tipos de cola, y muchos contienen productos químicos peligrosos. Las más seguros son las colas de base acuosa APV: un pegamento blanco que al secar queda como plástico transparente. El APV es bueno para proteger los recortes de tu cuaderno de apuntes.

Composición
La forma en que un artista decide colocar los objetos, las personas o las partes de un dibujo o pintura.

Escala
La escala es parecida a la **proporción**. Por ejemplo, una maqueta a escala de un barco significa que la maqueta tiene exactamente las mismas proporciones que el objeto real, y una figura a escala del capitán significa que tendría el tamaño justo para encajar en la maqueta.

Fijador
Un pegamento líquido que se rocía sobre un dibujo para evitar que se corra. Utilízalo fuera en el exterior y pide ayuda a un adulto, ya que es nocivo para los pulmones si se respira.

Lápiz
Los lápices más blandos son los B, que son los mejores para dibujar. Cuanto más blando sea el lápiz, más oscuro será su trazo; por eso, un lápiz 6B es más blando que un 2B y tiene un trazo más negro.

Obra de arte
Un trabajo considerado la mejor obra realizada por un artista. La Mona Lisa de Leonardo es una obra de arte famosa.

Papel
Existen cientos tipos de papel diferentes. ¡Ve a una tienda especializada y compruébalo! Algunos papeles no contienen ácidos, lo que significa que no se descolorarán con el tiempo. El papel de carta es el papel de dibujo de buena calidad más barato. El papel de color es barato y lo hay de varios colores, pero se descolora con la luz. El papel acuarela puede ser caro porque no contiene ácidos. Viene en tres texturas: rugosa, media y suave, y en color blanco o crema.

Pastel
Barra de dibujo de color que puede ser seca u oleosa dependiendo de si se ha utilizado tiza o aceite para unir el color.

Perspectiva
Forma matemática para mostrar la distancia y la **escala** de un dibujo. Supone imaginar algo llamado punto de fuga. Para que lo entiendas, se dibuja un objeto, como un cubo, y se mira en **proporción** imaginando líneas que se extienden desde el cubo hasta encontrarse en un punto. Es complicado porque en un cuadro puede haber muchos puntos de fuga.

punto de fuga

nivel del ojo

Pincel
Hay pinceles de todas las formas y tamaños. Algunos están hechos con pelos de cola de un animal llamado marta. Los pinceles de marta son caros, pero también los hay de nailon, más baratos pero igualmente buenos.

Pintura acrílica
La pintura acrílica viene en tubos y se puede mezclar con agua. Forma una superficie impermeable de color vivo y puede aplicarse sobre todo tipo de cosas, desde papel hasta madera y plástico.

Pintura en tubo y en polvo
Estas pinturas vienen mezcladas con agua en tubos o en polvo al que luego se añade agua. Son ideales para cuadros grandes y esculturas.

Proporción
Lo grande que es un objeto o una parte de un objeto en comparación con otro. ¡Una cabecita en un cuerpo enorme no tendría proporción!

Retrato
Un dibujo o pintura de una persona. Puede ser de todo el cuerpo o sólo de la cara.

Tinta
Líquido de color usado para dibujar y escribir. Unas se componen de agua; otras contienen productos químicos que evitan que se corran.

47

Certificado

Nombre _____

ha completado *Mi primer libro de arte, dibujo y manualidades Everest* con honores

Fecha _____ Edad _____

El autor